まちごとアジア
ネパール 008

チトワン国立公園
野生の王国で「エレファント・サファリ」
［モノクロノートブック版］

カトマンズ盆地の南西、ヒマラヤからくだったタライ平原に位置するチトワン国立公園。ここはネパール最大の野生動物保護区で、インド・サイ、ベンガル・タイガー、豹など絶滅の危機に瀕する動物、また50種類のほ乳類、500種類にも及ぶ鳥類をはじめとする動物が生息している。

　東西800kmに及ぶネパール南部のタライ地方は、かつては密林が茂り、猛獣が跋扈するうえ、マラリヤなどの疫病が蔓延していたため、長いあいだ人が近寄ることができなかった。

20世紀になって国連の手でマラリヤの駆除が進むと、ネパール山岳民や北インドの住人がこぞってタライ地方へと押し寄せてきた。そのため1973年、野生動物を保護し、タライの自然を守るために、チトワンは国立公園に指定されることになった。現在、世界自然遺産に登録されているチトワン国立公園の名前は、「ジャングルの心臓」に由来する。

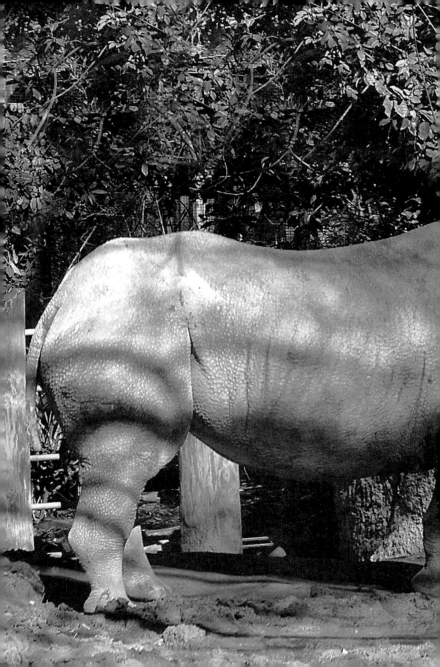

Asia City Guide Production
Nepal 008
Chitwan National Park
चितवन राष्ट्रिय निकुञ्ज

|まちごとアジア|ネパール 008|

チトワン国立公園

野生の王国で「エレファント・サファリ」

「アジア城市(まち)案内」制作委員会
まちごとパブリッシング

まちごとアジア
ネパール 008
チトワン国立公園

Contents

チトワン国立公園 ········· 009

亜熱帯に広がる密林へ ········· 019

チトワン鑑賞案内 ········· 029

バラトプル城市案内 ········· 041

魔境密林国ざかい ········· 051

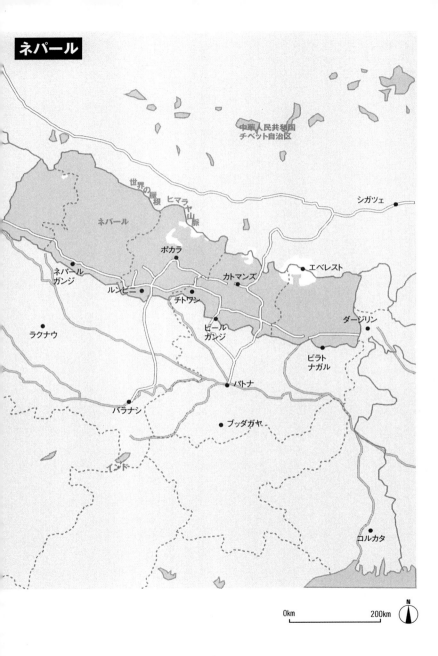

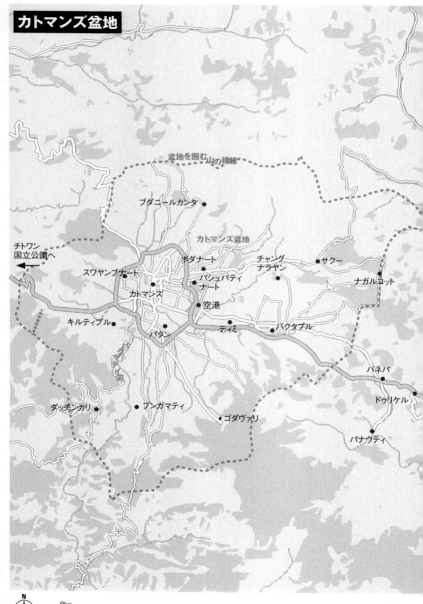

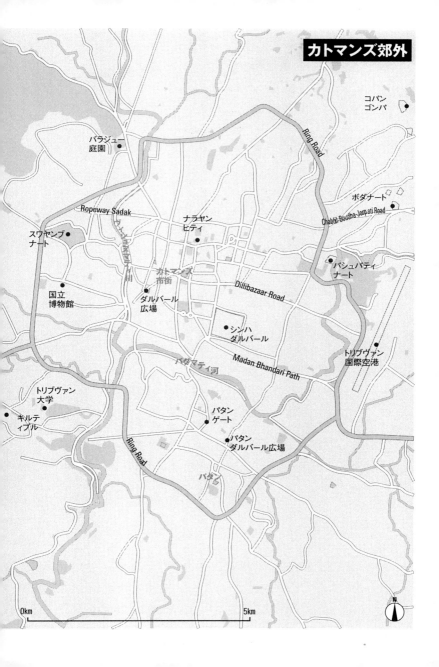

一見わかりづらいが水辺にいたワニ

タライ地方では亜熱帯の気候が広がる

Introduction
亜熱帯に広がる密林へ

**ネパール山岳地帯からくだった灼熱のタライ平原
古くこの地には人が近寄らない亜熱帯の密林が広がっていた
希少な動物に出逢える南アジア屈指の野生の森**

動物たちの楽園

　インド・サイ、ベンガル・タイガー、豹、カワイルカなどの希少動物、ヌマワニや巨大なニシキヘビなどの両生類、500種類の鳥類などが暮らす野生動物の楽園チトワン。この公園はマハーバーラタ山脈とチューリア丘陵のはざまに位置し、18世紀からネパール王家の狩猟場となってきた。低湿地帯が広がるため開発されずに天然の自然が残され、1973年、ビレンドラ国王によって国立公園に指定された（軍隊を配備して、インドサイを密猟者から保護した）。932平方kmの広大な地域に広がる。

人を遠ざける密林だったタライ

　かつてインダス河からミャンマー、北はヒマラヤ南麓にまで大密林地帯が広がり、なかでもネパール南部のタライの密林は東西800kmも続いていた。この地域は猛獣が跋扈するうえ、マラリヤなどの疫病が蔓延していたため、かつては人が近寄ることができなかった。インドを植民地化したイギリス東インド会社の兵士でさえ、タライの密林で疫病に倒れ、生命を落としていった。またネパール山岳部の人々も

タライを恐れ、自然の要塞となったため、ネパール南の国境が北インドの平野部にまでせり出すことになった。このタライの密林は20世紀になってから、疫病をのぞくため伐採され、人間の住める土地に変わったが、それにともない土壌は浸食され、地滑りや洪水、かんばつなどの災害を起こすという代償をはらうことになった。

タライの原住民タルー族

　古くからタライの森に暮らしてきたタルー族。チトワン国立公園近郊にはタルー族の村が見られ、彼らはネパール山岳地帯の人々とも、インド平原から移住したヒンドゥー教徒とも異なる原住民となっている（モンゴル系だとされるが、いつ、どこから来たのかなど、くわしいことはわかっていない）。タルー族のなかには都市に住む者も少なくないが、先祖伝来の地に暮らす者も多く、稲作を行ないながら、川で魚をとり、森で牛や羊などを放牧して生計を立てている。

動物たちにとって楽園とも言える豊かな自然

希少動物が生息するチトワン国立公園。親子のサイが見られた

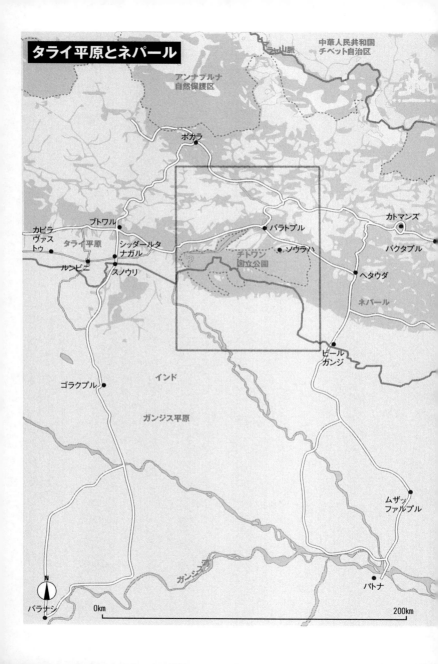

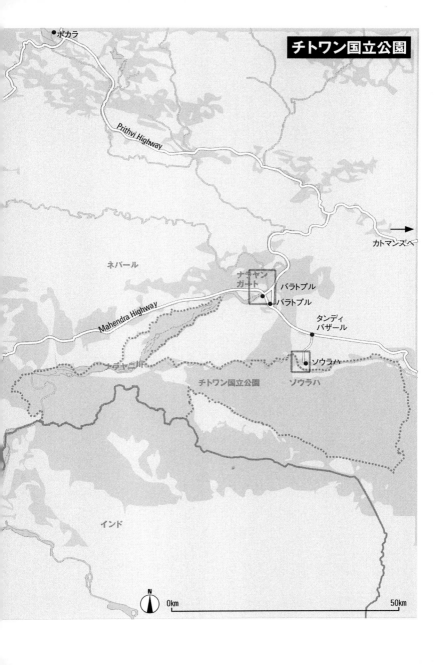

チトワン国立公園／野生の王国で「エレファント・サファリ」

★★★
チトワン国立公園 Chitwan National Park
★★☆
ソウラハ Sauraha
バラトプル Bharatpur

Chitwan National Park
チトワン鑑賞案内

**インド・サイ、ガンジスワニが暮らす大自然
象の背中にゆられて川を渡り
この地に生きる生物の営みにふれる**

ソウラハ ★★☆
Sauraha／सौराहा

　チトワン国立公園への起点になる村ソウラハ。ラプティ川をはさんで公園の向かいに位置し、ホテルや旅行代理店、レンタルサイクル店などがならぶ。このソウラハから一歩離れれば、水田が広がり、牛車がゆっくりと過ぎるといった光景が見られる。

エレファント・サファリ ★★★
Elephant Safari／हात्ती सफारी

　チトワン国立公園の敷地内を象に乗ってめぐるエレファント・サファリ。象は地元タルーの人々から森の守り神と見られ、古くから信仰の対象となってきた。ゆったりとした歩みで、湿地にわけ入り、密林のなかを進んでいく。鎧をまとったようなインド・サイ、白い縞模様をもつベンガル・タイガーなどと出逢えることもある。

ジャングル・ウォーク ★☆☆
Jungle Walk／जंगल

　かつて猛獣が跋扈し、マラリヤなどの疫病で人が住むこ

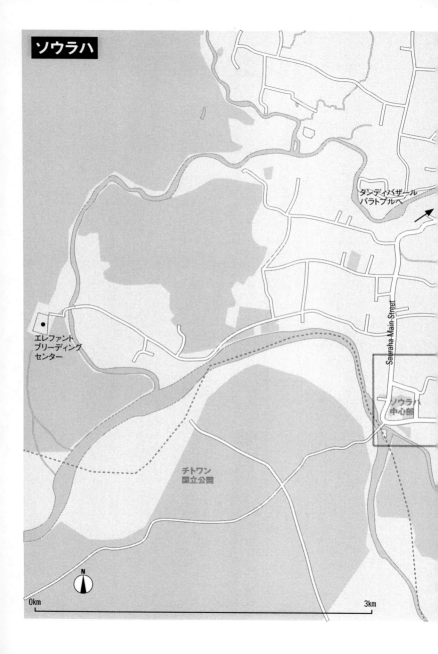

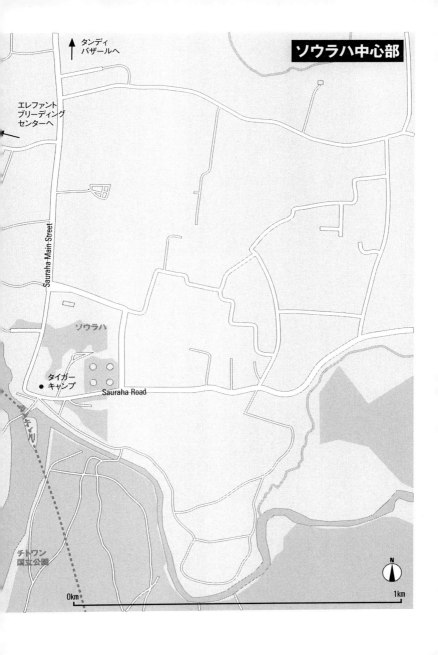

さまざまな動物に出合えるチトワン国立公園。写真はインドサイ

エレファント・サファリを楽しむ

とができなかったタライの森を歩く。この森に生きるさまざまな動物にふれることができる。

カヌー・サファリ ★☆☆
Canoe Safari / क्यानोइंग

カヌーに乗ってラプディ川、ナラヤニ川などを散策する。巨大ワニなどの水辺の動物や淡水イルカに出逢うこともある。

ジープ・サファリ ★☆☆
Jeep Safari / जीप सफारी

4WDでジャングルを駆けるジープ・サファリ。森の動物たちは車よりも象に対してのほうが過敏に反応することから、意外に近くで動物に接することができる。

バード・ウォッチング ★☆☆
Bird Watching / बर्ड

500種類もの鳥類が生息するチトワン国立公園。その数は世界最大規模で、サギ、コウノトリ、インコなどの野鳥を見られる。

★★★
チトワン国立公園 *Chitwan National Park*
★★☆
ソウラハ *Sauraha*
★☆☆
エレファント・ブリーディング・センター *Elephant Breeding Center*

水辺はカヌーで進んでいく

ボートに乗って移動する、タライに生きる人々

至近距離で動物を目のあたりにできる

水辺ではワニの姿も、のっしのっし歩く

ヴィレッジ・ウォーク ★★☆
Village Walk／गाउँ

　チトワン国立公園近郊には、古くからタライの森に暮らすタルー族の集落が点在する。かつてこの森には、タルー族以外の人々はほとんどおらず彼らの楽園だった。マラリヤなどの疫病が蔓延するなかでも、彼らは薬草をつみ、部屋にお香をたき、身体中に入れ墨を彫ることで病気の予防をしてきた。木の枝に刻まれた爪痕からベンガル・タイガーの縄張りを把握し、象や孔雀を森の守護神、馬を精霊の乗りものと考えるなど独特の信仰と生活体系を維持してきた(その信仰はアニミズムにヒンドゥーが加わった部族宗教だと言われる)。牛糞と泥で固められた家には、葉でふいた屋根が載せてあり、彼らが信仰する動物の絵が描かれている。

タルー族の踊り

　タルー族の村では伝統的なダンスを堪能できる。円陣を組んで、太鼓のリズムにあわせて踊るスティック・ダンス、「森の守り神」孔雀の真似をするダンスなどがあり、踊りはもともとジャングルの動物を威嚇するものだったという。

エレファント・ブリーディング・センター ★☆☆
Elephant Breeding Center　हाती प्रजनन केन्द्र

　ソウラハから西に3kmに位置する繁殖場エレファント・ブリーディング・センター。種つけされ、産まれたばかりの子どもの象なども見られる。

Bharatpur
バラトプル城市案内

**ネパールの東西と南北を結ぶ
道がちょうど交わるバラトプル
チトワン国立公園への足がかりにもなる**

バラトプル ★★☆
Bharatpur／भरतपुर

　チトワン渓谷にあるバラトプルは、カトマンズとインドを結ぶ南北の道(アジア・ハイウェイ42号線)、ネパールを東西に貫くマヘンドラ・ハイウェイ(同2号線)が交わるネパール最大の交通の要衝。商業エリアの広がるナラヤンガートと行政機関が集中する隣のバラトプルとツインシティとなっていて、この街で北からの羊、塩、南からの米、煙草、石鹼などの輸送品が交錯し、ネパール各地からの人や物資が集まってくる。この街が世界遺産にも指定されているチトワン国立公園への足がかりとなる。

秘境ネパール

　峻険なヒマラヤの峰々に抱かれたネパールは、国土の大部分が山岳地帯にあり、「秘境」「陸の孤島」という名をほしいままにしてきた(海抜100mのタライ平原から8000mのヒマラヤにいたる垂直構造をもつ)。この独特の地形は、開発が遅れる要因にもなり、なかでも交通網の整備が遅れていた。20世紀に入ってからも首都カトマンズにいたる道路がなく、ラクソールからビールガンジを経て、カトマンズにいたるまで

街には人、もの、情報が集まる

ナラヤニ川をボートでくだることもできる

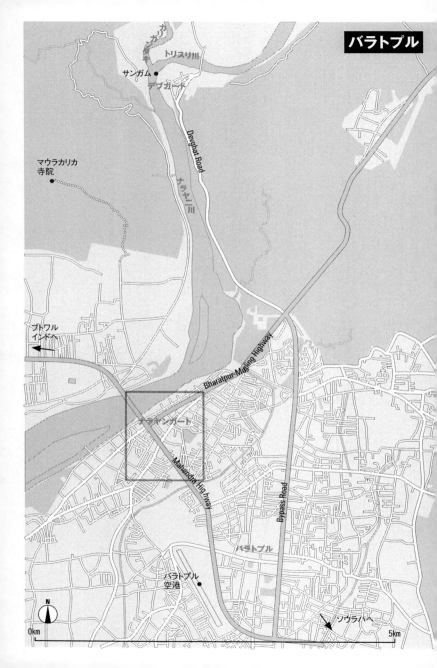

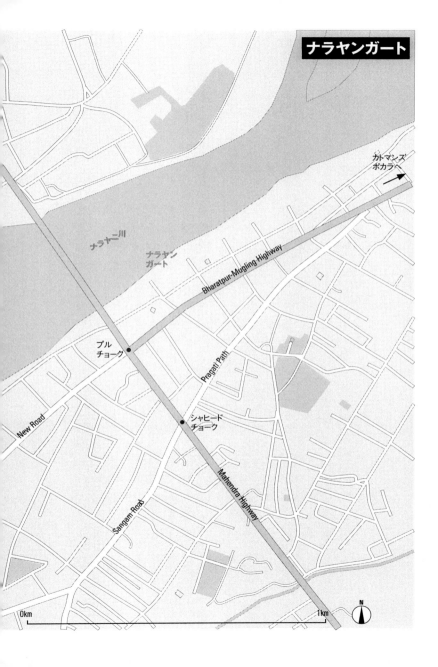

は、鉄道、自動車、馬などを乗り継いで、約1週間もかかったという。「ネパールに入国するには4つの方法があります。象に乗るか、馬に乗るか、かごに乗るか、それとも歩くのです」とネパール将校が20世紀初頭のアメリカ陸軍大佐パウェルに言ったという言葉が伝えられている。

中国とインドによる援助

　1951年ごろまでのネパールでは、大自然が障壁となり経済発展の主条件である道路交通網の配備は、他国に比べて数世紀遅れているとも言われてきた。こうしたなか1956年、インドの援助で山岳部と平原部を南北に結ぶ道路が付設された。この道はカトマンズとインドを結ぶ経済の大動脈となり、東西に長細いネパールの国土を貫くようにマヘンドラ・ハイウェイも完成した。カトマンズとインドを結ぶ南北の道が開通すると、今度はチベットからカトマンズにいたる道が中国の援助で建設された。

デブガート ★☆☆
Devghat / देव घाट

　バラトプルの北5kmに位置するデブガートでカリ・ガンダキ川とトリスリ川は合流し、ナラヤニ川と名前を変える。ネパールでは河川の合流点はサンガムと呼ばれて聖地とされ、デブガートはサンスクリット語文献『スカンダ・プラーナ』（スカンダはシヴァ神の息子）にも登場するという。陽が長く

なり春が近づくマーグ・サクランティの祭(ネパール暦1月)では、50万人と言われる巡礼者がデブガートに集まり沐浴する。デブガートはネパールを代表するヒンドゥー聖地で、「ヴィシュヌとシヴァが棲むところ」を意味するハリハル・チェットとも呼ばれる。

霧がたち込めるなか象に乗って進む人

夕陽で真っ赤に染めあげられた河川

山国のネパールでは物資運搬は何よりも重要

Makyou Mitsurin
魔境密林国ざかい

**人を遠ざけていたがゆえにこの森は
インドとネパールの国ざかいとなっていた
疫病が蔓延し、猛獣が跋扈したかつてのタライ**

河口慧海が記す魔境タライ

　20世紀になってから森が伐採され、急速に開発が進んだタライの森。現在では多くの人がこの地を訪れているがかつては原住民のタルー族をのぞいて人の近づかない森だった。その様子はネパールをはじめて訪れた日本人の仏僧河口慧海も「この大森林は西人の謂ゆるタライ・フォレストにして、その長さ十六里に及び、その内には獰猛なる獣類の棲息し、怖ろしきことにおいて有名の森林なれば、夜間野宿するものは皆盛んに火を焚きて、猛獣の襲来を防げり」と記している。

猛獣狩りに勤しむ王族

　タライ地方はネパール北部と違って、インド平原に連なる標高200m程度の亜熱帯性気候をもつ。ベンガル・タイガー、鹿、熊などの野生の動物が住むタライの密林では、かつてネパール王族の狩猟場だった。比較的、疫病がおさまる乾季になると、王族はカトマンズからチトワンへやってきて狩猟を行なった。武勇をしめすために虎狩りや猛獣狩りを行なったが、南の大国インドへ向けたデモンストレー

ションもかねていたという。

私の角は薬ではありません、のポスター

参考文献

『ユネスコ世界遺産⑤インド亜大陸』(ユネスコ世界遺産センター /講談社)
『もっと知りたいネパール』(石井溥/弘文堂)
『ネパール』(トニー・ハーゲン/白水社)
『緑の魔境ネパール大密林』(新世界紀行/TBS)
『世界大百科事典』(平凡社)
OpenStreetMap
(C)OpenStreetMap contributors

まちごとパブリッシングの旅行ガイド
Machigoto INDIA , Machigoto ASIA , Machigoto CHINA

北インド-まちごとインド

001 **はじめての北インド**
002 **はじめてのデリー**
003 **オールド・デリー**
004 **ニュー・デリー**
005 **南デリー**
012 **アーグラ**
013 **ファテープル・シークリー**
014 **バラナシ**
015 **サールナート**
022 **カージュラホ**
032 **アムリトサル**

西インド-まちごとインド

001 **はじめてのラジャスタン**
002 **ジャイプル**
003 **ジョードプル**
004 **ジャイサルメール**
005 **ウダイプル**
006 **アジメール（プシュカル）**
007 **ビカネール**
008 **シェカワティ**
011 **はじめてのマハラシュトラ**
012 **ムンバイ**
013 **プネー**
014 **アウランガバード**
015 **エローラ**
016 **アジャンタ**

021 **はじめてのグジャラート**
022 **アーメダバード**
023 **ヴァドダラー（チャンパネール）**
024 **ブジ（カッチ地方）**

東インド-まちごとインド

002 **コルカタ**
012 **ブッダガヤ**

南インド-まちごとインド

001 **はじめてのタミルナードゥ**
002 **チェンナイ**
003 **カーンチプラム**
004 **マハーバリプラム**
005 **タンジャヴール**
006 **クンバコナムとカーヴェリー・デルタ**
007 **ティルチラパッリ**
008 **マドゥライ**
009 **ラーメシュワラム**
010 **カニャークマリ**
021 **はじめてのケーララ**
022 **ティルヴァナンタプラム**
023 **バックウォーター（コッラム～アラップーザ）**
024 **コーチ（コーチン）**
025 **トリシュール**

ネパール-まちごとアジア

001 はじめてのカトマンズ
002 カトマンズ
003 スワヤンブナート
004 パタン
005 バクタブル
006 ポカラ
007 ルンビニ
008 チトワン国立公園

バングラデシュ-まちごとアジア

001 はじめてのバングラデシュ
002 ダッカ
003 バゲルハット(クルナ)
004 シュンドルボン
005 ブティア
006 モハスタン(ボグラ)
007 パハルプール

パキスタン-まちごとアジア

002 フンザ
003 ギルギット(KKH)
004 ラホール
005 ハラッパ
006 ムルタン

イラン-まちごとアジア

001 はじめてのイラン
002 テヘラン
003 イスファハン
004 シーラーズ
005 ペルセポリス
006 パサルガダエ(ナグシェ・ロスタム)
007 ヤズド
008 チョガ・ザンビル(アフヴァーズ)
009 タブリーズ
010 アルダビール

北京-まちごとチャイナ

001 はじめての北京
002 故宮(天安門広場)
003 胡同と旧皇城
004 天壇と旧崇文区
005 瑠璃廠と旧宣武区
006 王府井と市街東部
007 北京動物園と市街西部
008 頤和園と西山
009 盧溝橋と周口店
010 万里の長城と明十三陵

天津-まちごとチャイナ

001 はじめての天津
002 天津市街
003 浜海新区と市街南部
004 薊県と清東陵

上海-まちごとチャイナ

001 はじめての上海
002 浦東新区
003 外灘と南京東路
004 淮海路と市街西部

005 虹口と市街北部
006 上海郊外（龍華・七宝・松江・嘉定）
007 水郷地帯（朱家角・周荘・同里・甪直）

河北省-まちごとチャイナ

001 はじめての河北省
002 石家荘
003 秦皇島
004 承徳
005 張家口
006 保定
007 邯鄲

江蘇省-まちごとチャイナ

001 はじめての江蘇省
002 はじめての蘇州
003 蘇州旧城
004 蘇州郊外と開発区
005 無錫
006 揚州
007 鎮江
008 はじめての南京
009 南京旧城
010 南京紫金山と下関
011 雨花台と南京郊外・開発区
012 徐州

浙江省-まちごとチャイナ

001 はじめての浙江省
002 はじめての杭州
003 西湖と山林杭州

004 杭州旧城と開発区
005 紹興
006 はじめての寧波
007 寧波旧城
008 寧波郊外と開発区
009 普陀山
010 天台山
011 温州

福建省-まちごとチャイナ

001 はじめての福建省
002 はじめての福州
003 福州旧城
004 福州郊外と開発区
005 武夷山
006 泉州
007 厦門
008 客家土楼

広東省-まちごとチャイナ

001 はじめての広東省
002 はじめての広州
003 広州古城
004 天河と広州郊外
005 深圳（深セン）
006 東莞
007 開平（江門）
008 韶関
009 はじめての潮汕
010 潮州
011 汕頭

遼寧省-まちごとチャイナ

001 はじめての遼寧省
002 はじめての大連
003 大連市街
004 旅順
005 金州新区
006 はじめての瀋陽
007 瀋陽故宮と旧市街
008 瀋陽駅と市街地
009 北陵と瀋陽郊外
010 撫順

重慶-まちごとチャイナ

001 はじめての重慶
002 重慶市街
003 三峡下り(重慶～宜昌)
004 大足
005 重慶郊外と開発区

四川省-まちごとチャイナ

001 はじめての四川省
002 はじめての成都
003 成都旧城
004 成都周縁部
005 青城山と都江堰
006 楽山
007 峨眉山
008 九寨溝

香港-まちごとチャイナ

001 はじめての香港
002 中環と香港島北岸
003 上環と香港島南岸
004 尖沙咀と九龍市街
005 九龍城と九龍郊外
006 新界
007 ランタオ島と島嶼部

マカオ-まちごとチャイナ

001 はじめてのマカオ
002 セナド広場とマカオ中心部
003 媽閣廟とマカオ半島南部
004 東望洋山とマカオ半島北部
005 新口岸とタイパ・コロアン

Juo-Mujin(電子書籍のみ)

Juo-Mujin香港縦横無尽
Juo-Mujin北京縦横無尽
Juo-Mujin上海縦横無尽
Juo-Mujin台北縦横無尽
見せよう! 上海で中国語
見せよう! 蘇州で中国語
見せよう! 杭州で中国語
見せよう! デリーでヒンディー語
見せよう! タージマハルでヒンディー語
見せよう! 砂漠のラジャスタンでヒンディー語

自力旅游中国Tabisuru CHINA

001　バスに揺られて「自力で長城」
002　バスに揺られて「自力で石家荘」
003　バスに揺られて「自力で承徳」
004　　船に揺られて「自力で普陀山」
005　バスに揺られて「自力で天台山」
006　バスに揺られて「自力で秦皇島」
007　バスに揺られて「自力で張家口」
008　バスに揺られて「自力で邯鄲」
009　バスに揺られて「自力で保定」
010　バスに揺られて「自力で清東陵」
011　バスに揺られて「自力で潮州」
012　バスに揺られて「自力で汕頭」
013　バスに揺られて「自力で温州」
014　　バスに揺られて「自力で福州」
015　　メトロに揺られて「自力で深圳」

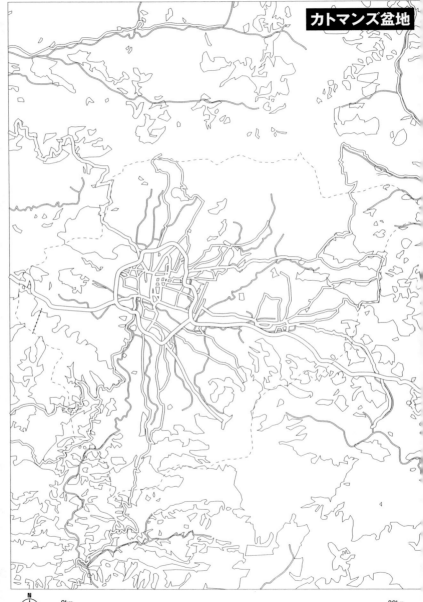

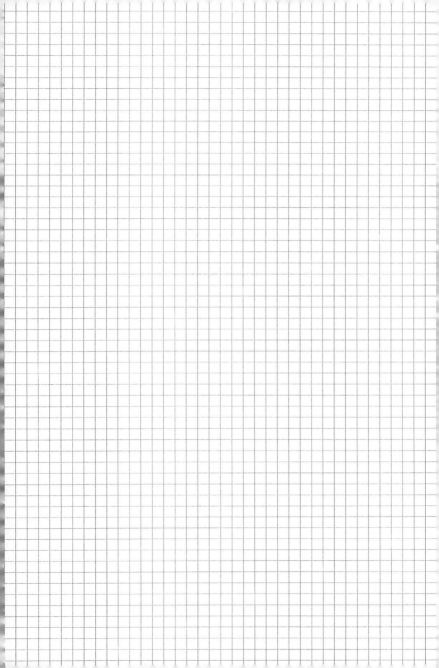

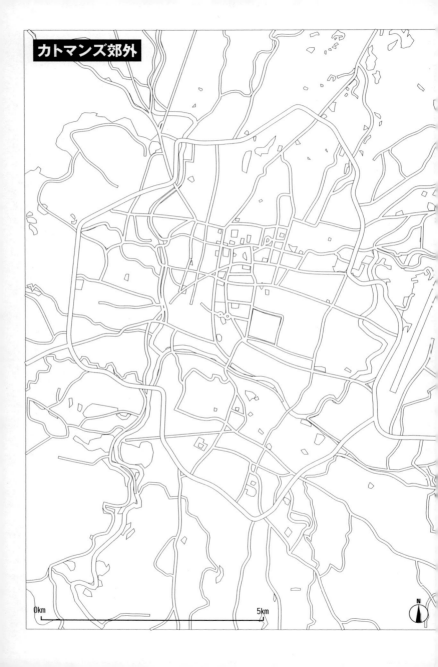

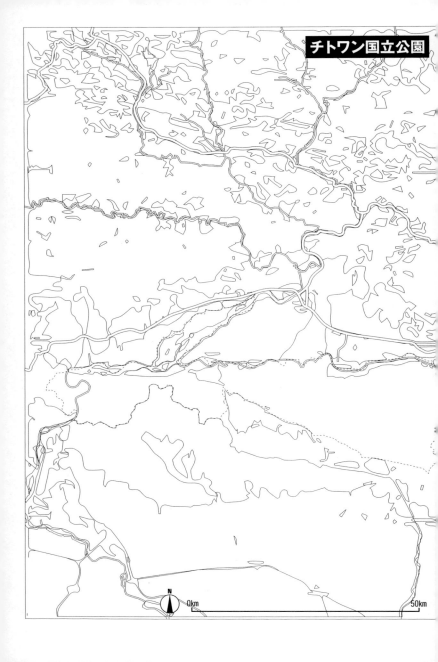

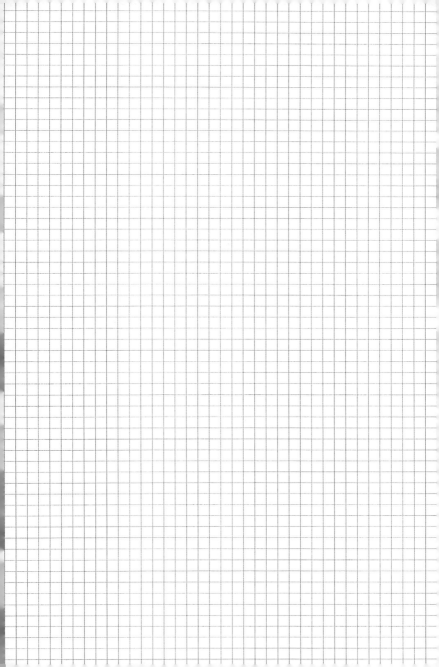

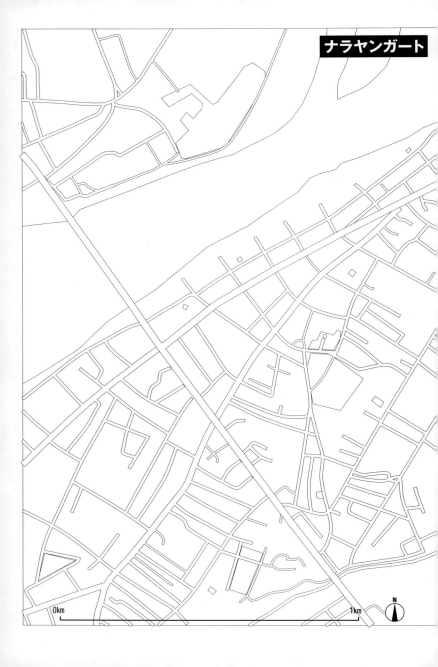

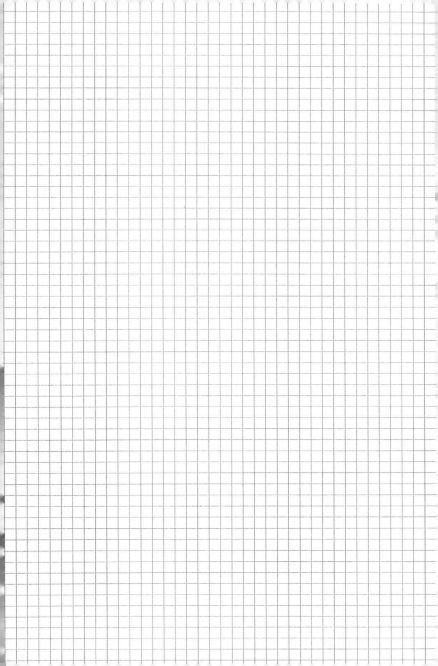

【車輪はつばさ】
南インドのアイラヴァテシュワラ寺院には
建築本体に車輪がついていて
寺院に乗った神さまが
人びとの想いを運ぶと言います

An amazing stone wheel of the Airavatesvara Temple
in the town of Darasuram, near Kumbakonam in the South India

まちごとアジア
ネパール 008

チトワン国立公園
野生の王国で「エレファント・サファリ」
[モノクロノートブック版]

「アジア城市（まち）案内」制作委員会
まちごとパブリッシング
http://machigotopub.com

- 本書はオンデマンド印刷で作成されています。
- 本書の内容に関するご意見、お問い合わせは、発行元の
 まちごとパブリッシング info@machigotopub.com までお願いします。

まちごとアジア
新版 ネパール008チトワン国立公園
～野生の王国で「エレファント・サファリ」

2019年 11月12日　発行

著　者	「アジア城市（まち）案内」制作委員会
発行者	赤松　耕次
発行所	まちごとパブリッシング株式会社 〒181-0013　東京都三鷹市下連雀4-4-36 URL http://www.machigotopub.com/
発売元	株式会社デジタルパブリッシングサービス 〒162-0812　東京都新宿区西五軒町11-13 清水ビル3F
印刷・製本	株式会社デジタルパブリッシングサービス URL http://www.d-pub.co.jp/

MP233

ISBN978-4-86143-381-8 C0326　　　　Printed in Japan
本書の無断複製複写（コピー）は、著作権法上での例外を除き、禁じられています。